BEI GRIN MACHT SICH IHR WISSEN BEZAHLT

Bibliografische Information der Deutschen Nationalbibliothek:

Die Deutsche Bibliothek verzeichnet diese Publikation in der Deutschen National-
bibliografie; detaillierte bibliografische Daten sind im Internet über http://dnb.d-
nb.de/ abrufbar.

Impressum:

Copyright © 2014 GRIN Verlag, Open Publishing GmbH
Druck und Bindung: Books on Demand GmbH, Norderstedt Germany
ISBN: 978-3-668-05487-5

Dieses Buch bei GRIN:

http://www.grin.com/de/e-book/278113/grundlagen-der-stenografie-einfuehrung-
in-die-deutsche-einheitskurzschrift

Otto Praxl

Grundlagen der Stenografie. Einführung in die Deutsche Einheitskurzschrift

GRIN Verlag

GRIN - Your knowledge has value

Der GRIN Verlag publiziert seit 1998 wissenschaftliche Arbeiten von Studenten, Hochschullehrern und anderen Akademikern als eBook und gedrucktes Buch. Die Verlagswebsite www.grin.com ist die ideale Plattform zur Veröffentlichung von Hausarbeiten, Abschlussarbeiten, wissenschaftlichen Aufsätzen, Dissertationen und Fachbüchern.

Otto Praxl

Grundlagen der Stenografie

Eine Einführung in die Grundlagen der Deutschen Einheitskurzschrift.

Ein Lehrheft zum Kennenlernen der Zusammenhänge.
Mit Stenozeichensatz und Erläuterungen, die in keinem anderen Lehrbuch stehen.

Stenozeichensatz

b	c	d	f	g	h	j	k	l	m

n	p	q	r	s	s	t	t	v	w	x	y	z

br	cr	ch	cht	dr	fr	gr	kr	ll	mp	mpf	nd

ndr	ng	pf	pfr	pr	rd	rdr	rr	rs	ss/ß	st	st	str

sch	schm	schn	schl	schr

schw	sp	spl	spr	tr	wr	zw

Vorwort

Dieses Lehrheft enthält eine umfassende Information über die Grundlagen der Deutschen Einheitskurzschrift (Stenografie). Hier finden Sie den Stenozeichensatz und alle wichtigen Hintergrundinformationen, die in keinem anderen Lehrbuch stehen.

Steno nutze ich seit 1950. Ich zeige hier die Vorteile von Steno und nenne auch die Voraussetzungen, die der Mensch mitbringen muss, der erfolgreich Steno lernen und anwenden will. Das Lernen von Steno erfordert zwar viel Zeit, Mühe und Fleiß, lohnt sich aber in der Weise, dass man dann sein ganzes Leben lang die Fähigkeit zur Verfügung hat, Gedanken und gesprochene Texte schnell aufschreiben zu können. Zur täglichen Anwendung sind lediglich Bleistift und Papier erforderlich.

Ich wünsche allen Leserinnen und Lesern viel Spaß beim Lesen und Lernen.

Otto Praxl

Impressum

Titel:
  Grundlagen der Stenografie

Verfasser:
  Otto Praxl.

Internetseite mit Kontaktadresse
  www.praxelius.de.

Urheberrecht:
  Das Buch ist urheberrechtlich geschützt (Urheberrechtsgesetz UrhG vom 9. September 1965 in der Fassung vom 13. September 2003). Jede Verwertung außerhalb der gesetzlich zugelassenen Fälle bedarf einer vorherigen schriftlichen Vereinbarung mit dem Verfasser.

Veröffentlichung:
  Das Buch wird über den GRIN Verlag (www.grin.com) als E-Book und als gedrucktes Buch veröffentlicht.

Layout und Gestaltung (mit Microsoft WORD™ 2007):
  Otto Praxl

Haftungsausschluss:
  Im Text und in den Grafiken können auch Fehler enthalten sein. Für evtl. Fehler und daraus resultierende Nachteile übernimmt der Verfasser keine Haftung.

Quellen:
  Als Quellen dienen die angegebenen Lehrbücher, die Systemurkunde von 1968 und einige Lexika.

Bildnachweise:

  Alle Bilder stammen vom Verfasser.
  Titelblatt: Stenozeichensatz

Letztes Bearbeitungsdatum: **09.10.2015**
Bearbeitungskennzeichen: St-58413-019

Inhalt

1. Einführung

1.1.　Vorteile von Steno

Steno war sehr nützlich bei meinem Studium. Damals, 1956, gab es kaum gedruckte Lehrbücher, die als Begleitmaterial zu den Vorlesungen geeignet gewesen wären. Die Studierenden mussten Vorlesungsmitschriften anfertigen, um den Stoff zuhause lernen zu können. Ich stenografierte die Vorlesungen der Dozenten fast wörtlich mit und hatte damit eine gute Grundlage zum Lernen des Stoffes. Ich verwendete karierte oder linierte Ringbuchblätter DIN A5, die ich später zu Büchern zusammenfasste. Diese stehen heute in meinem Bücherschrank. Beispiele daraus sind unter 5.3.1 ab Seite 25 erwähnt.

Im Beruf hatte Steno sehr große Vorteile, weil ich Besprechungsprotokolle und Berichte sehr schnell in Steno auf das Papier bringen konnte. Gerade bei Besprechungen und beim Telefonieren ist es sehr nützlich, die Gespräche mitstenografieren zu können. Seit ich mit Computern arbeite, nutze ich auch die Textverarbeitungssysteme, um das Stenogramm wieder in normal lesbaren Text umzuwandeln und auf dem Computer zu speichern.

Auch wenn man mit modernen Tonbandgeräten eine Rede, eine Vorlesung oder einen Vortrag akustisch auf ein Speichermedium aufzeichnet, hat man hinterher doch immer die Arbeit, diese Aufzeichnung abzuhören und irgendwie in die Schriftform zu übertragen. Meistens kennt man nicht einmal den Inhalt der Rede, wenn man nur ein Band „mitlaufen" ließ und selber gar nicht dabei war. Verzichtet man auf die Übertragung in die Schriftform und archiviert diese akustischen Aufzeichnungen als Mitschnitte (Bandprotokolle) in MP3-Dateien, dann braucht man ein Archivsystem, um das Gewünschte schnell zu finden. Und immer ist dazu auch ein Abspielgerät nötig. Außerdem kann man in Bandprotokollen nicht blättern, wie das bei Stenogrammen möglich ist.

Steno aber kann man mit einfachen Mitteln (Bleistift und Papier) ohne irgendwelche Geräte nutzen. Gerade für junge Menschen, die vor dem Studium stehen, ist das Beherrschen von Steno eine wichtige Fähigkeit, die sie sich aneignen sollten, trotz aller Computer und Smartphones.

Früher hat man Steno noch in der Schule (Realschule, Handelsschule) gelernt. Leider ist es heute kein Unterrichtsfach mehr.

Als langjähriger Stenoanwender (seit 1950) zeige ich hier, was Steno ist und wie vorteilhaft Steno im Leben sein kann.

Die kleine Mühe, Steno zu lernen, steht in keinem Verhältnis zum Nutzen, den es dem Anwender bringen kann. Stenografieren ist eine Fähigkeit, die jedem schreibenden Menschen im Leben sehr viel Nutzen bringt, ohne dass man sie als bezahlte Beschäftigung ausüben muss.

1.2.　Geschichtliches

Die normale Schreibschrift ist die „lateinische Schrift". Diese wird in den Schulen gelehrt und geübt. Um in dieser Schrift einigermaßen leserlich zu schreiben, muss der Schreiber jeden Buchstaben deutlich schreiben. Diese normale Schreibweise wird allgemein **Langschrift** genannt, um sie von der Kurzschrift zu unterscheiden.

Seit es schreibende Menschen gibt, gibt es auch Bestrebungen, eine Schnellschrift zu erfinden und diese zu lernen. Das Ziel war, eine Rede oder einen Vortrag „mitschreiben" zu können.

Wenn man in verschiedenen Lexika nachschlägt, findet man Folgendes:

Das Wort *Stenographie* kommt aus dem Griechischen (στενός = *stenos* = eng, γράφειν = *graphein* = aufschreiben; Engschrift). Andere Namen dafür sind *Brachygraphie* (βραχύς = *brachys* = kurz; Kurzschrift) und *Tachygraphie* (ταχύς = *tachys* = schnell; Schnellschrift).

Schon etwa 400 v. Chr. hat der griechische Geschichtsschreiber *Xenophon* die „Erinnerungen (an Sokrates)" in einer Art Steno geschrieben. Allerdings habe ich keine Belege dafür gefunden, welcher Art dieses Steno war.

Auch bei den alten Römern gab es schon eine Stenografie. *Marcus Tullius Tiro* (103 bis 4 v. Chr.), ein Sekretär Ciceros, war der Erfinder dieser Stenografie, die man *Tironische Noten* (*notae Tironianae*) nannte. Sie bestand aus Abkürzungen und besonderen Zeichen und wurde bis ins Mittelalter benutzt. Dadurch war es erstmals möglich, die Reden im römischen Senat mitzuschreiben. Natürlich mussten diese „Stenogramme" anschließend in Langschrift-Latein umgewandelt werden, damit diese Reden allgemein zugänglich wurden.

Im Jahre 1841 haben *Franz Xaver Gabelsberger* und fast zeitgleich auch *Wilhelm Stolze* jeweils ein System einer Kurzschrift vorgelegt. Das „Kurz" im Wort „Kurzschrift" ist wörtlich zu nehmen, denn beim Schreiben werden die Linien für die Schriftzeichen und damit die Gesamtlänge der Linien der Schrift verkürzt. Wenn man kürzere Linien schreibt, spart man Zeit und kann dann in derselben Zeit mehr, also schneller, schreiben.

Nach *Gabelsberger* und *Stolze* kamen noch viele andere Vorschläge für eine Kurzschrift. Es hatte sehr viel Mühe und Aufwand gekostet, ein einheitliches Kurzschriftsystem für den deutschen Sprachraum zu schaffen. Es waren viele Menschen daran beteiligt. Das Buch von *Dr. Fritz Haeger*, „Geschichte der Einheitskurzschrift (Heckners Verlag, Wolfenbüttel, 1960), zeigt sehr eindrucksvoll, welche Schwierigkeiten zu überwinden waren.

Nun ist die Deutsche Einheitskurzschrift zu einem **Kulturgut** geworden, das nicht vergessen werden darf.

1.3.   Lehrbücher

Die nachfolgend genannten 4 Lehrbücher wurden von den Autoren als PDF-Dokumente zum Herunterladen auf www.stenoweb.de bereitgestellt. Dafür gebührt ihnen der besondere Dank der Stenografiefreunde. Diesen Lehrbüchern liegt bereits die **Systemurkunde von 1968** zugrunde.

Es handelt sich um:

Lege-Haeger, Deutsche Einheitskurzschrift, Teil 1, Verkehrsschrift, 40 Seiten.
Lege-Haeger, Deutsche Einheitskurzschrift, Teil 2, Verkehrsschrift-Praxis, 56 Seiten.
Lege-Haeger, Deutsche Einheitskurzschrift, Teil 3, Eilschrift, 56 Seiten.
Lege-Haeger-Kauws-Karpenstein, Deutsche Einheitskurzschrift, Teil 4, Redeschrift, 56 Seiten.

Wer daran interessiert ist, Steno zu lernen, sollte sich zuerst Teil 1 der Lehrbücher von www.stenoweb.de aus dem Internet herunterladen und ausdrucken.

Mit diesem Lehrbuch in der Hand und der nachfolgenden Beschreibung der Grundlagen kann man Steno sehr schnell lernen. Später, je nach Lernfortschritt, nimmt man Teil 2, Teil 3 und Teil 4 in Angriff. Auch die **Schönschreibhefte** und das **Lehrerheft** können heruntergeladen werden.

Stenolehrbücher verschiedener Verlage können auch käuflich im Buchhandel erworben werden.

1.4.   Systemurkunde 1968

Bild 1: Systemurkunde 1968

Die **Systemurkunde der Deutschen Einheitskurzschrift (Wiener Urkunde)** enthält die Grundlagen der Deutschen Einheitskurzschrift.

Diese Systemurkunde wurde von der Kultusministerkonferenz der Länder in der Bundesrepublik Deutschland am 28. März 1968 beschlossen und am 1. August 1968 erstmals im Gemeinsamen Ministerialblatt, herausgegeben vom Bundesministerium des Innern, veröffentlicht.

Sie ist als gedruckte Broschüre im Buchhandel erhältlich:
ISBN 978-3-8045-8292-7, 48 Seiten, DIN A5, Preis 9,50 €.

Die Systemurkunde enthält alle wichtigen Festlegungen, dazu ein Verzeichnis der Wortbeispiele und ein Sachwortverzeichnis.

Sie unterscheidet zwei Teile:

1. Teil: **Verkehrsschrift**
2. Teil: **Schnellschrift**, gegliedert in A. **Eilschrift** und B. **Redeschrift**.

1.5.   Deutsch-Englische Kurzschrift

Die Deutsch-Englische Kurzschrift ist ein Sonderfall. Hier wird nicht etwa die in England gebräuchliche Kurzschrift verwendet, sondern man schreibt mit den Zeichen und den Kürzeln der Deutschen Einheitskurzschrift die englische Sprache, so wie man sie hört. Es ist mehr eine Kurzschrift der Aussprache des Englischen.

Die Systemurkunde für die Deutsch-Englische Kurzschrift (mit deutschem Leittext) ist auch auf www.stenoweb.de zu finden.

Zitat aus dem Vorwort:

Die Deutsch-Englische Kurzschrift ist eine Anpassung der Deutschen Einheitskurzschrift in der seit dem 1. August 1968 geltenden Fassung (Wiener Urkunde) auf die englische Sprache. Sie folgt in der Regel der Aussprache des Britischen Englisch. Um besser lesbar zu sein, orientiert sie sich bei einigen unbetonten Vokalen und bei r als Vorlaut einer Konsonantenfolge sowie am Wortschluss an der englischen Orthographie. In der Zuordnung der Zeichen und Regeln richtet sich die Deutsch-Englische Kurzschrift konsequent nach der in der Wiener Urkunde vorgegebenen Zuordnung zur Verkehrs-, Eil- und Redeschrift.(Ende des Zitats).

2. Steno lernen

Um Steno zu lernen, haben Sie mehrere Möglichkeiten:

2.1.   Allein lernen

Wer es vorzieht, **allein im stillen Kämmerlein** konzentriert zu lernen (Autodidakt), der ist mit den Lehrbüchern und der nachfolgenden Grundlagenbeschreibung (siehe Seite 10) gut bedient. Allerdings gehört eiserne Disziplin dazu, nicht auf halbem Wege aufzugeben. Deshalb empfehle ich, zusammen mit Freunden Steno zu lernen.

2.2.   Gemeinsam lernen

Zum leichteren Lernen können sich mehrere Personen zusammenschließen und **im Freundeskreis** gemeinsam Steno lernen. Wichtig ist das gemeinsame Lernen und Üben mit Freunden. Es ist auch ein Ansporn, durchzuhalten und nicht vorzeitig aufzugeben.

Der Freundeskreis kann im Internet über den örtlichen Bereich hinaus ausgeweitet werden. Wenn vor Ort kein Stenolehrer oder Betreuer zur Verfügung steht, könnte die **Betreuung und Anleitung der Lernenden auch über das Internet** erfolgen. Einer aus dem Kreis der Freunde muss die Organisation (Moderation, Anleitung, Betreuung, Registrierung) übernehmen, wenn das gemeinsame Lernen klappen soll.

2.3.   Im Verein lernen

Man kann sich auch einem **Stenoverein** anschließen, wenn in der Nähe einer vorhanden ist. Die örtlichen Vereine findet man im Internet über die Stichwörter „Steno", „Stenoverein" und „Kurzschrift".

2.4.   Einen kostenpflichtigen Lehrgang absolvieren

Wer Geld dafür ausgeben will, kann an einem **Lehrgang „Stenografie"** eines Fernlehrinstituts teilnehmen. Im Internet wird man fündig, wenn man nach „Programmierte Unterweisung", nach „Stenolehrgang" oder nach „Steno-Online" sucht. Auch Volkshochschulen und Stenovereine bieten gelegentlich Stenolehrgänge an.

2.5.   Stenograf als Beruf

Man kann Stenograf als Beruf wählen und als **Parlamentsstenograf** arbeiten. Dieser hat die Aufgabe, objektive, sachlich richtige und sprachlich einwandfreie Berichte über die Verhandlungen in den Plenar- und Ausschusssitzungen des Parlaments zu erstellen.

Der Verband der Parlaments- und Verhandlungsstenografen e. V., Postfach 08 07 43, 10007 Berlin, hat ein Merkblatt über den Beruf des Parlamentsstenografen/der Parlamentsstenografin herausgegeben. Dieses Merkblatt gibt Auskunft über das Berufsbild, den Werdegang und die Voraussetzungen, die erfüllt sein müssen. Es kann als PDF-Dokument http://www.bjckm.de/fileadmin/user_upload/2011_Berufsbild_Parlamentsstenografen.pdf von der Webseite http://www.bjckm.de der *Bundesjugend für Computer, Kurzschrift und Medien* (früher: *Deutsche Stenografenjugend*) heruntergeladen werden. Interessenten finden am Ende des Merkblatts die Namen der Ansprechpartner mit Anschriften, Telefonnummern, Faxnummern und E-Mail-Adressen.

2.6. Zeitaufwand für das Lernen

Jedes der oben genannten Lehrbücher hat etwa 20 bis 25 Lerneinheiten. Am Anfang rechnet man bei intensiver Beschäftigung pro Lerneinheit mit einer Stunde Lernzeit. Später, wenn man öfter zurückblättern und wiederholen muss, braucht man einschließlich der Schreibübungen für jede weitere Lerneinheit bis zu drei Stunden.

Die Stenozeichen sollten sehr sorgfältig eingeübt und langsam geschrieben werden (Schönschreibphase). Später bei den Geläufigkeitsübungen, wenn man die Stenozeichen schon beherrscht, schreibt man so schnell man kann (Schnellschreibphase). Aber immer sorgfältig und präzise schreiben!

Nach einem Zeitaufwand von etwa 80 bis 250 intensiven Lernstunden (je nach persönlicher Auffassungsgabe und Fleiß) kann man Steno gut lesen und einigermaßen flott schreiben. Nun muss die Übung im täglichen Leben dazukommen, um Steno zu vervollkommnen und zu festigen.

Zusammenfassung:
Mit einigem Fleiß kann man sich also Steno innerhalb eines halben Jahres aneignen, wenn man täglich mindestens 1 Stunde ernsthaft lernt.

2.7. Kostenaufwand

Das Vorhaben, Steno zu lernen, scheitert bestimmt nicht an den Kosten. Jeder kann sich die Lehrbücher aus dem Internet herunterladen. Auch die im Buchhandel erhältlichen Stenolehrbücher sind nicht teuer.

Im Internet gibt es auch die Möglichkeit, kostenlose, von erfahrenen Stenografen betreute Online-Kurse zu organisieren. Es müssen sich nur genügend Teilnehmer finden.

3. Beschreibung der Grundlagen

3.1.   Was ist Kurzschrift?

Wer Kurzschrift (Stenografie) kann, der kann so schnell schreiben, dass er Reden und Vorträge mühelos mitschreiben kann. Nicht nur das gesprochene Wort, sondern auch der eigene Gedankenfluss kann dann schnell erfasst und aufgeschrieben werden, ohne die Aufmerksamkeit auf den Vorgang des Schreibens lenken zu müssen. Besonders für Schriftsteller und Journalisten ist es sehr wichtig, Gedanken schnell zu erfassen und festzuhalten, gleichgültig an welchem Ort man sich befindet. Bleistift und Papier sollten jederzeit griffbereit sein. Für jeden schreibenden Menschen ist Steno von großem Nutzen.

3.2.   Aufbau der Deutschen Einheitskurzschrift

Das System der Einheitskurzschrift baut darauf auf, die Buchstaben so zu vereinfachen, dass die Linienlängen der Zeichen möglichst kurz werden.

Beim Schreiben in Steno gibt es keine Unterscheidung zwischen Groß- und Kleinbuchstaben. Außerdem werden nur die Mitlaute (Konsonanten) geschrieben. Durch die geniale Erfindung der Kurzschriftentwickler, die Selbstlaute (Vokale) durch die Stellung der Mitlaute zueinander darzustellen, wird eine Menge Schreibarbeit eingespart. Für einige Ausnahmefälle gibt es aber doch Selbstlautzeichen, wenn zwei Selbstlaute, die keine Diphthonge sind, zusammentreffen.

Die Form der Mitlautzeichen wurde von den Erfindern der Kurzschrift nach der Häufigkeit der Mitlaute festgelegt. Häufigen Mitlauten wurden kleine (halbstufige) oder mittlere Zeichen (einstufige) zugeordnet, für seltener vorkommende Mitlaute wurden große Zeichen (zweistufig oder dreistufig) gewählt. Dadurch wird gewährleistet, dass man bei häufigen Zeichen weniger an Strichlänge schreiben muss.

3.3.   Schreibrichtung und Schriftneigung

Die Kurzschrift ist eine Schreibschrift, die mit der **rechten Hand** zeilenweise von links nach rechts geschrieben wird. Die Schrift ist schräg nach rechts geneigt und weicht etwa 15° von der Senkrechten ab, der Winkel der senkrechten Linien gegenüber der Grundlinie beträgt also etwa 75°.

Für **Linkshänder** ist es schwieriger, Steno zu schreiben. Trotzdem schreiben Linkshänder nicht in Spiegelschrift, sondern wie in Langschrift auch, zeilenweise von links nach rechts. Linkshänder können die Neigung der Schrift (senkrecht oder leicht nach links geneigt) an ihre persönliche Langschrift anpassen. Schnellschreiben mit der linken Hand ist schwieriger als für Rechtshänder. Trotzdem können Linkshänder durch Übung beachtliche Schreibgeschwindigkeiten in Steno erreichen.

3.4.   Schreibraum

Bild 2: Schreibraum

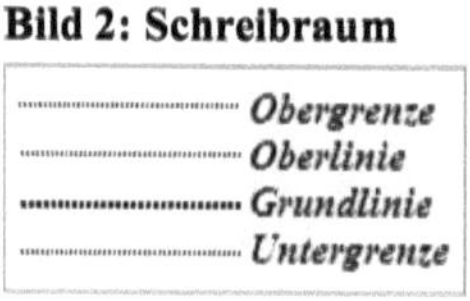

Obergrenze
Oberlinie
Grundlinie
Untergrenze

In den Stenolehrbüchern werden die Stenogramme auf 4 vorgezeichneten Schreiblinien gezeigt. Der Abstand zwischen zwei Linien wird als **Stufe** bezeichnet. Geschrieben wird auf der **Grundlinie**, eine Stufe höher liegt die **Oberlinie** und eine weitere Stufe darüber befindet sich die **Obergrenze**. Eine Stufe unter der Grundlinie liegt die **Untergrenze**, bis dorthin reichen die Unterlängen der Zeichen. Der Raum zwischen Obergrenze und Untergrenze wird als **Schreibraum** bezeichnet.

Bei Hochstellung von Zeichen kann die Obergrenze nach oben, bei Tiefstellung von Zeichen mit Unterlängen kann die Untergrenze nach unten überschritten werden.

Es gibt Stenopapier mit den vorgedruckten Linien zu kaufen (Stenogrammblock).

Der Stenograf in der Praxis verwendet kein vorbereitetes Stenopapier mit dem 4-Linien-Aufdruck. Diese Linien würden beim freien Schreiben in Redeschrift nur stören, weil der Stenograf dann darauf achten müsste, dass er die Linien einhält. Er muss aber genauso ohne diese Hilfslinien stenografieren können. Er verwendet vorzugsweise kariertes Papier (siehe Bild 3), wobei er nur die Grundlinien zur Verfügung hat.

Bild 3: Ausschnitt aus Blatt 03 der am Ende des Buches befindlichen Stenogramme

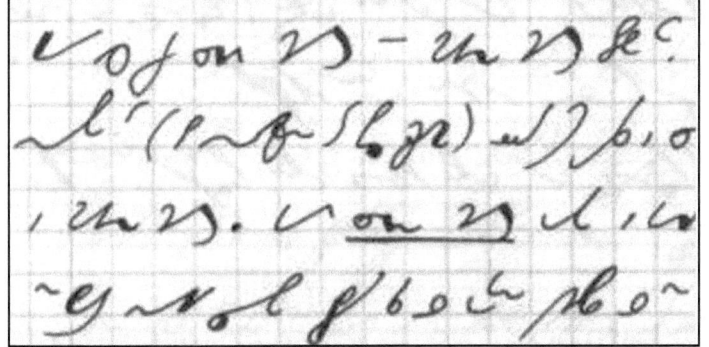

Beim Schreiben ohne Hilfslinien (auf unbedrucktem Papier) schreibt er auf einer gedachten Grundlinie, hierbei muss er besonders sorgfältig auf Hoch- und Tiefstellungen achten und diese korrekt wiedergeben, damit das Stenogramm später einwandfrei lesbar ist.

3.5.   Rechtschreibung, Interpunktion, Worttrennungen

Im Großen und Ganzen wird Steno so geschrieben, wie der Text gesprochen wird. Wer Stenografie verwendet, muss keine Rücksicht auf die deutsche **Rechtschreibung** (Orthografie) nehmen. Die Rechtschreibregeln der deutschen Sprache werden in Steno nicht angewendet. Auch die **Interpunktion** (Kommasetzung) wird vernachlässigt. Nur in Sonderfällen, wo durch falsche Kommasetzung oder Weglassung der Kommas der Sinn verändert werden kann, werden Kommas auch im Stenogramm gesetzt.

Worttrennungen, wie in der Langschrift, gibt es in Steno nicht. Ein Wort wird nicht getrennt, sondern komplett in die neue Zeile gesetzt, wenn es nicht mehr in die laufende Zeile passt.

Im Langschrift-Text dienen viele Buchstaben im Schriftbild nur der Aussprache der langen oder kurzen Silben oder zur Betonung der Silben. Diese Buchstaben erscheinen nicht im Stenogramm, müssen aber später in der Transkription wieder vorhanden sein.

Transkription (von lat. **transcribere** = *abschreiben, übertragen*) nennt man die Übertragung eines Stenogramms in normal lesbaren Text mit richtiger Rechtschreibung und korrekter Grammatik.

3.6. Stenozeichensatz

Der Stenozeichensatz enthält hauptsächlich die stenografischen Zeichen für **Mitlaute und Mitlautkombinationen**.

3.6.1. Mitlaute (Konsonanten)

Bild 4: Alle Mitlaute

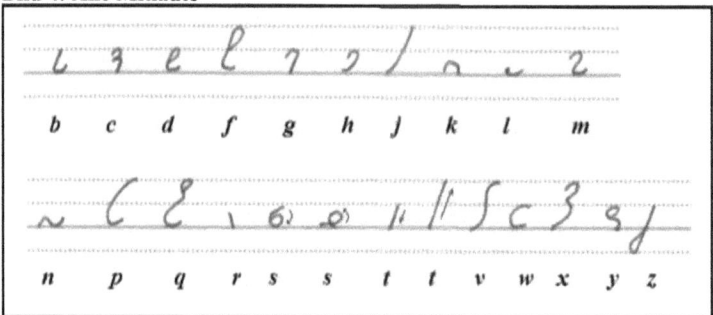

Die Mitlaute *s* und *t* werden unterschiedlich geschrieben, je nachdem, ob sie mit Auf(wärts)strich oder mit Ab(wärts)strich geschrieben werden.

Kleine Unterschiede in der Schreibweise gibt es auch bei den anderen Mitlauten, je nachdem, ob sie am Wortanfang, in Wortmitte oder am Wortende stehen.

Die Form hängt von der Verbindung zum benachbarten Zeichen ab. In den Lehrbüchern findet man genügend Beispiele und die Erläuterungen dazu.

y ist ein Sonderfall, es wird sowohl als Mitlautzeichen wie auch als Selbstlautzeichen verwendet (siehe unten).

3.6.2. Mitlautkombinationen

Mitlautkombinationen nennt man sprachliche (phonetische) Einheiten, die aus zwei oder mehreren nebeneinanderstehenden Mitlauten bestehen. Für sie werden jeweils eigene Stenozeichen verwendet. Im Gegensatz dazu gibt es für Mitlautpaare, die auch phonetisch zusammengehören, keine eigenen Stenozeichen (siehe unten unter 3.6.4.).

Die Systemurkunde unterscheidet nicht zwischen Mitlautkombination (= eigenes Stenozeichen) und Mitlautpaar (= kein eigenes Stenozeichen), sondern spricht in beiden Fällen nur von Mitlautfolgen.

Für *st* gibt es zwei Schreibweisen, je nachdem, ob es am Wort- oder Silbenanfang als „scht" (*Stein*) oder sonst als „ßt" (*Ast*) ausgesprochen wird.

Doppelte Mitlaute in Wörtern werden in Steno als einfache Mitlaute geschrieben: [1]
bb => b, cc => c, dd => d, ff => f, gg => g, kk => k, mm => m, nn => n pp => p, tt => t, zz => z.

Ausnahmen gelten für *rr, ss* und auch für *ll* (= LL), die zur Unterscheidung von Wörtern als Doppellaute geschrieben werden. Ein scharfes *ß* wird wie *ss* geschrieben.

Typische Mitlautpaare werden in Steno durch einfache Mitlaute ersetzt:
ck => k, ph => f, qu => q, tz => z.

---

[1] Das Zeichen => lese man als "wird zu"

Bild 5: Mitlautkombinationen (1)

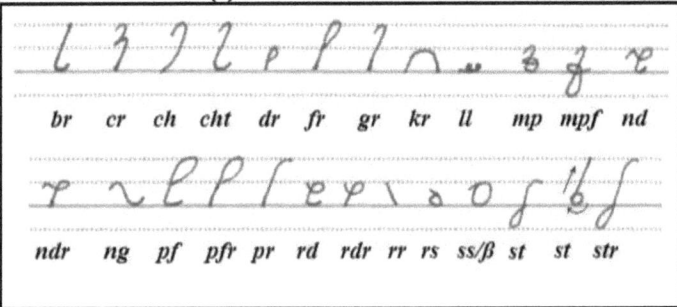

| br | cr | ch | cht | dr | fr | gr | kr | ll | mp | mpf | nd |

| ndr | ng | pf | pfr | pr | rd | rdr | rr | rs | ss/ß | st | st | str |

Bild 6: Mitlautkombinationen (2)

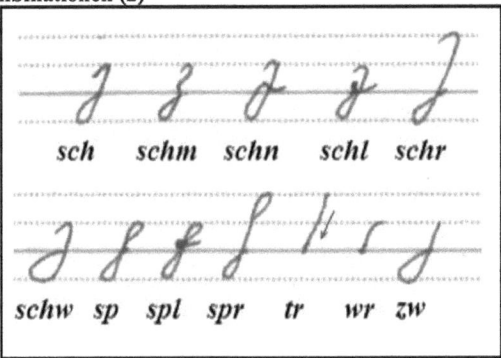

| sch | schm | schn | schl | schr |

| schw | sp | spl | spr | tr | wr | zw |

3.6.3. Selbstlaute (Vokale), Umlaute und Selbstlautzeichen

Selbstlaute (*a e i o u*), Umlaute (*ä ö ü*) und **Selbstlautverbindungen** (Verdopplungen und **Diphthonge:** *ai ay ei ey eu au äu ae oe ie ue aa ee oo*) werden auf zwei verschiedene Weisen geschrieben:

1. Im **Regelfall** am Anfang oder innerhalb von Wörtern durch enge oder weite Verbindung mit dem nächsten Mitlaut, der in normaler Strickstärke oder hoch- oder tiefgestellt und/oder verstärkt geschrieben wird.
2. In **Ausnahmefällen** durch Selbstlautzeichen (siehe Bild 9 auf Seite 16) am Wortende, oder wenn Selbstlaute und Diphthonge, die getrennt ausgesprochen werden müssen, aufeinanderfolgen.
3. *y* ist ein Sonderfall, es wird durch ein eigenes Zeichen dargestellt, das aber wie ein Mitlaut behandelt wird. Es wird wie ein Mitlaut hochgestellt, tiefgestellt und/oder verstärkt. In Eilschrift und Redeschrift wird *y* meist durch *ü* oder *i* ersetzt (z. B.: ***Physik*** *=> füsik => fisik, Ägypten => ägüpten => egipten*).
4. Folgende Selbstlautverbindungen im Wort werden jeweils durch einfachen Selbstlaut oder Umlaut ersetzt: *ae => ä, oe => ö, ue => ü, ie => i, aa => a, ee => e, oo => o.*

3.6.3.1. Selbstlautdarstellung im Regelfall

Die Selbstlaute und Diphthonge werden durch die Position der Mitlaute zueinander festgelegt. Welcher Selbstlaut dadurch gebildet wird, ist durch die Art und Weise festgelegt, wie aufeinanderfolgende Mitlaute miteinander verbunden werden.

e wird durch eine enge Verbindung,
o wird durch eine weite Verbindung,
i wird durch enge Hochstellung,
ei und *ai* werden durch eine weite Hochstellung um eine halbe Stufe,
u wird durch eine enge Tiefstellung um eine halbe Stufe und
eu wird durch eine weite Tiefstellung um eine halbe Stufe
des nachfolgenden Mitlauts gebildet.

Bild 7: Beispiele für Selbstlaute (ohne Verstärkung)

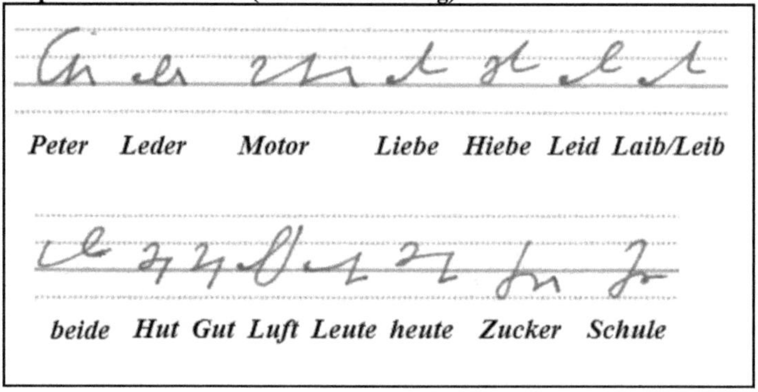

Peter   Leder   Motor   Liebe   Hiebe   Leid   Laib/Leib

beide   Hut Gut Luft Leute heute   Zucker   Schule

3.6.3.2. Verstärkung

Da die Möglichkeiten der Hoch- und Tiefstellung und der engen und weiten Verbindung nicht für alle Selbstlaute ausreichen, wird noch die **Verstärkung des Abwärtsstriches des nachfolgenden Mitlauts** eingeführt.

Durch **Verstärkung des Abwärtsstriches des nachfolgenden Mitlauts** werden folgende Selbstlaute und Diphthonge gebildet:

a bei enger Verbindung,
ö bei weiter Verbindung,
ü bei enger Hochstellung,
ä bei weiter Hochstellung,
au bei enger Tiefstellung und
äu bei weiter Tiefstellung.

> Herstellen der Verstärkung:
>
> Die Verstärkung muss während des Schreibens **durch einmaliges Aufdrücken des Stiftes beim Schreiben des Abwärtsstriches** erzeugt werden. Sie darf nicht durch mehrmaliges Auf- und Abfahren (Nachmalen) entstehen. Welche Teile des nachfolgenden Mitlauts verstärkt werden, geht aus den Lehrbüchern hervor.

Nach der Hoch- oder Tiefstellung um eine halbe Stufe wird auf dieser halben Stufe weitergeschrieben, **eine weitere Hoch- oder Tiefstellung addiert sich** nach oben oder unten, wie in nachfolgenden Beispielen an den Wörtern **Tübingen** und **sächsisch** zu sehen ist.

Bild 8: Beispiele für Selbstlaute (mit Verstärkung)

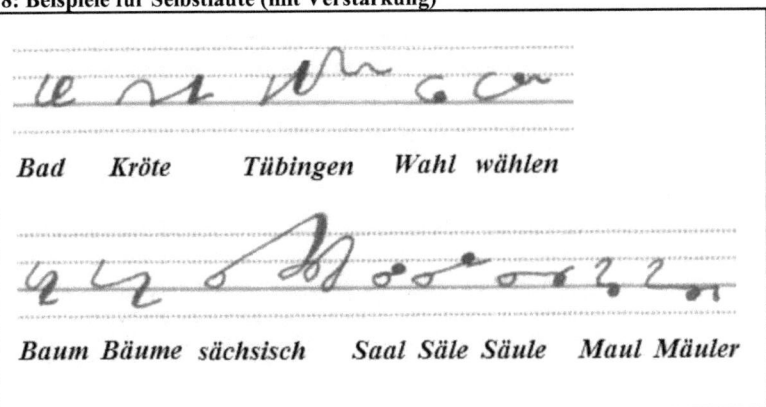

Selbstlautdehnungen vor einem Mitlaut durch Selbstlautverdopplung oder Anfügen eines *h* (Dehnungs-h) werden ignoriert und durch einfache Selbstlaute ersetzt.

In Wörtern, bei denen keine Verwechslung zu befürchten ist oder wenn die Bedeutung aus dem Textzusammenhang ersichtlich ist, welches Wort gemeint ist, wird das *ä* durch *e* ersetzt. Dadurch wird die weite verstärkte Hochstellung, die beim *ä* erforderlich ist, durch eine enge nicht verstärkte Verbindung ersetzt und dadurch vereinfacht (Verkürzung der Linien). Beispiele: *wählen* => *welen*, *Lämmer* => *lemer*, *Lärm* => *lerm*, *Käse* => *kese*, *Männer* => *mener*, *Zähne* => *zene*, *sächsisch* => *sechsisch*. Beim Wort *sächsisch* => *sechsisch* spart man sich die weite Hochstellung und die Verstärkung des *ch*, die Linien werden wesentlich kürzer.

Das Wort *Gärung* sollte immer mit *ä* geschrieben werden, damit es nicht mit dem Wort *Gehrung* verwechselt wird. Das Gleiche gilt für die Wörter *gäbe* und *gebe*.

Allerdings darf man für *sächsisch* nicht „6isch" schreiben, da die Ziffern 1, 6 und 8 nicht als Ersatz für Silben genommen werden dürfen. Auch „8ung" für *Achtung* und „be8en" für *beachten* sind nicht zulässig. Dagegen sind Ziffern auch in Steno erlaubt, wenn sie Zahlen bedeuten: Z. B. *6-stellig, 8-teilig*.

3.6.3.3. *Auslautende Selbstlaute und Selbstlautzeichen*

Man unterscheidet **offene und geschlossene Silben**. Offen ist eine Silbe, die mit einem Selbstlaut oder Diphthong endet, geschlossen ist eine Silbe, die mit einem Mitlaut endet. Bei offenen Silben am Wortende gilt für auslautende Selbstlaute oder Diphthonge:

> *e* wird durch einen kurzen, leicht schrägen halbstufigen Strich,
> *o* wird durch einen langen waagrechten Strich,
> *i* wird durch einen ganzstufigen Aufwärtsstrich,
> *ei* und *ai* durch einen ganzstufigen schrägen Aufwärtsstrich geschrieben.

In diesen Fällen gibt es keinen nachfolgenden Mitlaut. Auch ein Dehnungs-*h* (*Stroh, froh, Reh*) könnte weggelassen werden, sollte aber in Einzelfällen zur Verdeutlichung geschrieben werden.

Wenn *a ö ü ä* und *au äu u eu* am Wortende auftreten, wird dafür ein **Selbstlautzeichen** (siehe Bild 9 auf Seite 16) gesetzt, das jeweils stellvertretend für den fehlenden nachfolgenden Mitlaut steht, der zur Verstärkung und/oder Hoch-/Tiefstellung nötig wäre.

Für *ay ey oy uy* wird *y* anstelle eines Selbstlautzeichens zur Verstärkung und/oder Hoch-/Tiefstellung verwendet.

Ein Dehnungs-*h* am Wortende (*Schuh, Ruh*) wird (anstelle eines Selbstlautzeichens) geschrieben.

3.6.3.4. *Aufeinanderfolgende Selbstlaute*

Aufeinanderfolgende Selbstlaute, die keine Diphthonge oder Verdopplungen sind und getrennt gesprochen werden müssen, werden in Steno durch ein **Selbstlautzeichen** oder ein **kleines Häkchen** verbunden. In den Wörtern *La-os, Le-o, Bo-a, Radi-o* weist der Bindestrich auf die getrennte Sprechweise hin.

Selbstlautzeichen und **Häkchen** haben keine sprachliche Bedeutung und dienen nur als Bindeglieder im Steno-Schriftbild. Bei Vorsilben (*be-achten, be-irren, be-äugen, zu-ackern, zu-ordnen*) oder bei zwei aufeinanderfolgenden Vorsilben gelten Sonderregeln: *be-ur-, be-un-, be-ab-, be-ob-*.

Bild 9: Beispiele für Selbstlautzeichen und Häkchen

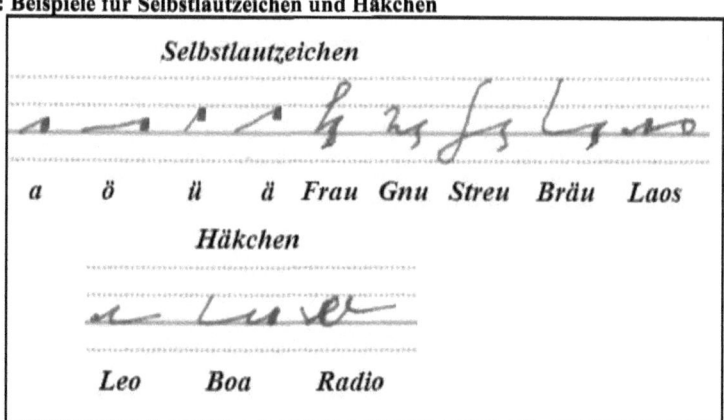

3.6.4. *Mitlautpaare*

Eine enge Verbindung zweier verschiedener Mitlaute im Stenogramm darf nicht immer als selbstlautbildend gewertet werden. Damit nicht dort der Selbstlaut *e* gelesen wird, wo keiner ist, werden die Mitlaute sehr eng aneinander oder sogar ineinander geschrieben. Man nennt diese sich eng aneinander schmiegenden Mitlaute **Mitlautpaare**.

Mitlautpaare bestehen aus zwei verschiedenen, nebeneinanderstehenden Mitlauten, die sprechtechnisch (phonetisch) zusammengehören. Für diese Mitlautpaare gibt es keine eigenen Stenozeichen, deshalb müssen sie sehr eng nebeneinander und manchmal sogar ineinander geschrieben werden. Beim Wort *Gnu* (Bild 9) wird das *n* ganz nahe an das vorhergehende *g* angefügt, damit man nicht *Genu* liest. Das *nk* in *Bank* (Bild 10) wird als Nasallaut gesprochen. Beim Wort *Gans* liegt das *s*, linksherum geschrieben, im *n*.

Die Art und Weise, wie in solchen Fällen diese Mitlautpaare geschrieben werden, hängt von der fließenden Schreibbewegung ab, die möglichst wenig gestört sein soll. Beim *ts* im Wort *stets* (Bild 10) wird deshalb das *s* sogar im Aufwärtsstrich links vor das *t* gestellt.

Es gibt sehr viele solcher Mitlautpaare, sie können hier nicht alle aufgezählt werden. In den Lehrbüchern findet man genügend Beispiele. Grundsatz ist, dass eindeutig geschrieben werden muss und beim Lesen des Stenogramms keine Missverständnisse entstehen.

Bild 10: Beispiele für Mitlautpaare

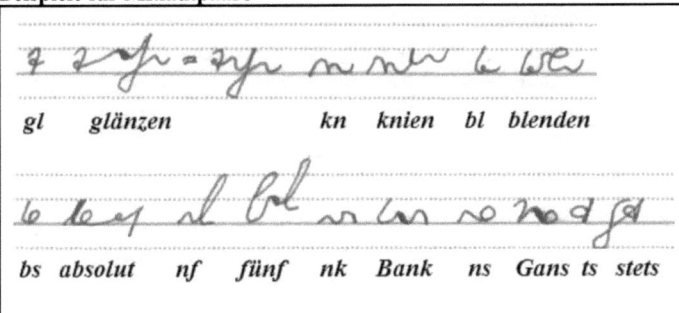

gl   *glänzen*   kn   *knien* bl *blenden*

bs *absolut*   nf   *fünf*   nk **Bank**   ns **Gans** ts *stets*

3.6.5. *Kürzel*

Häufige Wörter oder Wortteile werden durch spezielle Zeichen ersetzt, die man Kürzel nennt. Es gibt **Pflichtkürzel**, deren Verwendung Pflicht ist.

Dazu gehören

Artikel:	*der, die, das,* mit ihren Beugungen *des, dem, den,*
Vorsilben:	*ant-, auf-, aus-, da-, ein-, er-, ge-, hin-, her-, in-, mit-, rück-, über-, un-, unter-, ur-, ver-, vor-, zu-,*
Nachsilben:	*-haft, -heit, -keit, -schaft, -lich, -ung, -ion, tion, -tum,*
Fürwörter:	*ich, du, er, es, wir, uns,*
Bindewörter:	*und, mit, dass.*

Daneben gibt es **wahlfreie Kürzel**, die man anstelle eines Wortes oder einer Wortverbindung verwenden kann, aber nicht muss. Kürzel muss man auswendig lernen und beim Schreiben parat haben. Sie hier ohne Textzusammenhang darzustellen, wäre wegen ihrer Vielfalt nicht hilfreich.

3.6.6. *Hervorhebungen und besondere Unterscheidungen*

Unterstreichungen dienen auch im Stenogramm (wie in der Langschrift) dazu, Textstellen hervorzuheben. Andere Schriftattribute (wie Fettdruck oder Kursivschrift) zur Hervorhebung gibt es in Steno nicht.

Jedoch können Unterscheidungen besonders gekennzeichnet werden (siehe Systemurkunde), damit die spätere Transkription erleichtert wird. Zu diesen Hervorhebungen gehören **große Anfangsbuchstaben**, die im Stenogramm durch einen waagrechten Unterstrich am Wortanfang gekennzeichnet werden (z. B.: *Du, Sie, Ihr, Ihnen Euch Euer*).

Bei Namen[2] oder Fremdwörtern wird die **Mitlautverdopplung** durch einen unter den einfachen Mitlaut gesetzten Punkt gekennzeichnet. Ein jeweils darüber gesetzter Punkt bei *ei, ss, qu, k, z* bezeichnet *ai, ß, q, ck, tz.*

---

[2] Namen und Fremdwörter sollten, wenn es die Zeit beim Stenografieren erlaubt, in Langschrift ausgeschrieben werden, dann erspart man sich die besondere Kennzeichnung im Stenogramm.

Eine **kurze betonte Silbe** wird durch einen kleinen übergesetzten, nach oben offenen Bogen, ein **lange betonte Silbe** durch einen übergesetzten Strich gekennzeichnet. Auf diese Weise können z.B. die Wörter **fanden** und **fahnden** unterschieden werden.

Zusammenschreibung wird durch einen untergesetzten Verbindungsbogen und **Auslassung** wird durch einen Apostroph angegeben.

Diese Unterscheidungen sind **nur in der Verkehrsschrift üblich**, bei Eilschrift oder Redeschrift werden sie meist weggelassen, denn sie würden nur den Schreibfluss verzögern. Der Stenograf vertraut darauf, dass bei der Transkription die richtige Schreibweise sich aus dem Textzusammenhang (Kontext) ergibt. Außerdem werden über- und untergesetzte Punkte bei Eil- und Redeschrift als eigene Kürzel benutzt.

3.7. Zahlen und andere Zeichen

Über Zahlen, Ziffern und andere Zeichen steht nichts in der Systemurkunde.

In der Praxis hat sich folgende Handhabung ergeben:
  Ziffern (1 2 3 4 5 6 7 8 9 0),
  mathematische Zeichen (= + - : / × ± < >),
  Satzzeichen (Interpunktionszeichen: . , ! ? ; :),
  Klammern ([ ] { } ( ) « »),
  Währungszeichen (€, £, ¥, $) und
  Buchstaben anderer Alphabete (z. B. griech.: α, β, γ, δ, ε, π, Π, ξ, Ξ, Θ, θ, Σ, σ)
gelten in der üblichen Schreibweise auch in der Kurzschrift. Sie werden beim Sprechen meist mit Namen bezeichnet oder buchstabiert, sodass der Stenograf beim Schreiben leicht mitkommt.

Buchstabierter Text wird auch im Stenogramm mit normalen Buchstaben (in Langschrift) geschrieben, so wie er vom Sprecher buchstabiert wurde.

Für bestimmte Zahlen (**100, 1000,** usw.) gibt es in der Systemurkunde eigene Eilschriftkürzel: $1° =$ hundert, $1' =$ tausend, $1^{o\prime} =$ hunderttausend, $1'' =$ Million.

Chemische und mathematische Formeln oder **Abkürzungen von Fachbegriffen** werden in der üblichen Schreibweise in Langschrift oder in Druckbuchstaben in das Stenogramm eingefügt, dies ist vor allem bei Stenomitschriften von wissenschaftlichen Vorlesungen und Vorträgen wichtig (siehe Beispiele in Bild 14 bis Bild 17). Formeln werden ohnehin meist an die Tafel geschrieben, sodass Zeit genug vorhanden ist, sie ganz normal abzuschreiben.

Bei **Zeichen mit Akzent** (hier einige Beispiele für das A: À Á Â Ã Ä Ą Ǎ Ą Å ã ă) und bei **Sonderbuchstaben** (Æ æ Ð Œ œ) wird das ganze Wort in Langschrift geschrieben, wenn der Redner das Wort buchstabiert oder an die Tafel schreibt, andernfalls schreibt man das Wort in Steno so, wie es ausgesprochen wird.

3.8. Deutlichkeit und Verständlichkeit

Bei Sonderzeichen, Formeln, Fremdwörtern und Namen ist es wichtig, dass sie verständlich im Stenogramm und später in der Transkription erscheinen. Ein Stenogramm darf auch ein Gemisch aus Stenozeichen, Sonderzeichen, Formeln, Langschriftnamen und Langschriftabkürzungen sein. Wichtig ist, dass der Stenograf in der verfügbaren Zeit alles so festhält, wie es tatsächlich gesprochen oder gezeichnet wurde. Beispiele sind in den beigefügten Stenogrammen zu sehen (siehe Seite 26 bis 29).

4. Zusammenhänge und Voraussetzungen

4.1. Verkehrsschrift

Der Stenoanfänger schreibt jedes Wort vollständig aus. Es werden keine Kürzungen oder Auslassungen von Buchstaben vorgenommen. Er schreibt anstelle der normalen lateinischen Buchstaben die Zeichen der Kurzschrift und verwendet nur die Pflichtkürzel.

Diese Art von Anfänger-Steno nennt man **Verkehrsschrift.**

Damit kann man bis etwa 120 Silben pro Minute (Silben/min) schreiben. Mit der normalen lateinischen Schrift (Langschrift) schafft man nur etwa 40 Silben/min. Damit ist man mit der Verkehrsschrift schon 3-mal so schnell wie mit der normalen Schrift.

Die **Schreibgeschwindigkeit** wird nicht in Buchstaben oder Wörtern pro Zeiteinheit angegeben. Man zählt die **Silben pro Minute**, die im gesprochenen Text vorhanden sind.

4.2. Eilschrift und Redeschrift

Voraussetzung für die **Eilschrift** ist die Beherrschung der Verkehrsschrift. Bei der Eilschrift werden die Wörter nach bestimmten Regeln gekürzt. Um beim Schreiben Zeit zu sparen, werden Wortendungen und andere Wortteile weggelassen. Das sind meist diejenigen Wortteile, die jedermann mit gesundem Sprachgefühl ohne Mühe ergänzen kann.

Die Kürzungsregeln sind in der **Systemurkunde** festgelegt. Es kommen weitere Pflichtkürzel hinzu. Man kommt mit der einfachen Eilschrift auf etwa 180 bis 200 Silben/min.

Wer Reden und Vorträge mitschreiben will, verwendet die **Redeschrift** (= stark verkürzte Eilschrift). Hier können durch sehr starke Kürzungen Schreibgeschwindigkeiten bis zu 500 Silben/min erreicht werden. Redewendungen (z. B.: *„ich stehe auf dem Standpunkt", „wir stehen auf dem Standpunkt", „sehr geehrte Damen und Herren", „in Angriff nehmen", „in Anspruch nehmen", „es handelt sich um"*) werden in ein einziges Kürzel gezwängt.

Diese Kürzel (eigentlich sind es charakteristische Wortbilder) muss man auswendig lernen und beim Stenografieren parat haben.

4.3. Vergleich von Verkehrsschrift und Eilschrift

Eine nachträgliche Übertragung eines Stenogramms von Verkehrsschrift in ein anderes Stenogramm in Eilschrift hat im Normalfall keinen Sinn und ist eine nutzlose Arbeit, denn man stenografiert hier nicht nach Gehör, sondern man liest Verkehrsschrift ab und schreibt dann das Abgelesene in Eilschrift. Der Sinn der Stenografie ist aber „Mitschreiben des Gehörten" und nicht „Abschreiben des Geschriebenen".

Trotzdem kann im Ausnahmefall beim Stenolernen eine Übertragung eines Textes von Verkehrsschrift in Eilschrift sehr lehrreich sein, weil durch Vergleich die Verkürzung des Geschriebenen sichtbar wird. Gerade in Eilschrift-Lehrbüchern wird dies oft verwendet, um die verschiedenen Kürzungsmöglichkeiten aufzuzeigen.

4.4. Kontrolle des eigenen Stenogramms

Es kommt sehr oft vor, dass ein Stenograf sein eigenes Stenogramm später kaum mehr lesen kann, insbesondere wenn er Eilschrift oder Redeschrift verwendet hat. Um dies zu vermeiden, hilft nur ein Trick: **Alles sofort durchlesen!** Der stenografierte Text sollte zur Kontrolle **vom Stenografen selbst** sofort durchgelesen werden.

Dies kann geschehen, wenn das Stenogramm fertig ist oder auch zwischendurch, wenn die Zeit und die Umstände es erlauben und der Redner gerade eine längere Pause macht. Jetzt ist noch alles frisch im Gedächtnis und Unverständliches kann noch leicht aus der Erinnerung korrigiert werden.

4.5.   Korrektes Deutsch ist Voraussetzung

Gerade, weil in Steno alles gekürzt wird, die Rechtschreibregeln außer Kraft sind und auch die Grammatik durch die Weglassungen nicht sichtbar ist, muss der Stenograf **die deutsche Sprache in Grammatik und Rechtschreibung sehr gut beherrschen**, wenn er sein Stenogramm später bei der Transkription in **korrektem Deutsch** in die Textverarbeitung eingeben oder auch nur handschriftlich in Langschrift auf Papier wiedergeben will.

Im Deutschen gibt es für „Wort" zwei Pluralformen: „Wörter" und „Worte":

- Von „**Wörtern**" spricht man, wenn diese zusammenhanglos vorkommen oder als Aufzählung zu werten sind (z. B. Stichwörter, Passwörter, Kennwörter, Wörterbücher). Auch wenn sie als Bestandteile der Sprache in einem geschriebenen Text stehen, geschriebener Text besteht nur aus Wörtern.

- Von „**Worten**" spricht man, wenn diese im Gesamten einen Sinn ergeben und als Aussage zu werten sind (z. B. Satz, Rede, Sprichworte).

Beispiel:
Im geschriebenen Satz „Kannst du Steno lesen und schreiben?" sind die einzelnen Wörter zu sehen.

Der gesprochene Satz „*kannstdustenolesenundschreiben?*" enthält Worte im Zusammenhang, die ohne Wortzwischenräume gesprochen werden und trotzdem verständlich sind.

Die gesprochene Antwort eines Stenoanfängers auf diese Frage lautet:
„*deinewortehöreichwohl jedochkannichdiewörternochnichtlesenundschreiben*".

Merke: **Worte** werden gesprochen, **Wörter** werden geschrieben.

Wer Steno lernt, hört die **Worte** im Satzzusammenhang und setzt sie im Stenogramm in **Wörter**, Wortbilder und Kürzel um. Er prägt sich die Schreibweise von einzelnen Wörtern oder Wortgruppen ein. Dabei geht die Rechtschreibung des Textes verloren und die Grammatik wird unsichtbar.

Die spätere Transkription, also die Umsetzung des Stenogramms in normal lesbaren Test, muss aus dem Stenogramm allein möglich sein und zu **korrektem Deutsch** führen.

4.6.   Geistige Beweglichkeit trainieren

Unter **geistiger Beweglichkeit** versteht man die mentale Fähigkeit eines Menschen, etwas Gesehenes oder Gehörtes schnell zu begreifen, zu verstehen und schnell darauf zu reagieren. Man muss sich einmal vor Augen führen, was im Gehirn des Stenografen abläuft, wenn er etwas mitstenografiert.

Bei der Redeschrift ist eine hohe **Schreibfertigkeit** von mehr als 200 Silben pro Minute erforderlich, bei der alle Abkürzungen und Kürzel im Gedächtnis parat sein und während des Schreibens unbewusst ohne großes Nachdenken in die schreibenden Finger fließen müssen. Diese hohe Schreibfertigkeit muss durch ständiges Üben erworben werden, wobei im Gehirn (im Assoziativspeicher) ein „Stenozentrum" entsteht.

Außerdem muss der Stenograf die Fähigkeit haben, die gesprochenen **Worte** (den Satz) kurzzeitig im Gedächtnis zu speichern.

Jedes Wort muss erst zu Ende gesprochen sein, bevor es in Steno geschrieben werden kann. Und während der Stenograf dieses Wort schreibt, wird bereits das nächste Wort gesprochen.

Der Stenograf muss also gleichzeitig das aktuell gesprochene Wort hören und das zuvor gesprochene Wort schreiben können. Dazu ist die Fähigkeit erforderlich, **zwei Vorgänge gedanklich gleichzeitig (simultan) durchzuführen**:

1. Die momentan gesprochenen Worte (den Satz) zu hören und dem Sinne nach zu verstehen und
2. die davor gesprochenen, gespeicherten Worte aus dem Kurzzeitgedächtnis zu holen und zu schreiben, ohne die Aufmerksamkeit auf den Schreibvorgang selbst lenken zu müssen.

Ein Stenograf muss diese beiden Fähigkeiten besitzen, sie sind Bestandteile seiner **geistigen Beweglichkeit**. Diese muss durch Übung trainiert und so weit vertieft werden, dass diese Fähigkeiten „in Fleisch und Blut übergehen", also zum Automatismus werden.

Training

Jeder kann seine geistige Beweglichkeit trainieren, indem er einem Nachrichtensprecher über Kopfhörer zuhört und gleichzeitig (simultan) dessen Text laut nachspricht.

Er trainiert damit den geistigen Kanal „Hören→Verstehen→Sprechen". Dies ist die Verbindung im Gehirn zwischen dem Hörorgan, dem Verstehen des Gesagten im Sprachzentrum und der Sprechfähigkeit, also der Umsetzung des verstandenen Textes in Worte für das Sprechorgan.

Wenn die Anwesenden im Raum den nachgesprochenen Text einwandfrei verstanden haben, ist die Übung erfolgreich verlaufen.

Diese Übung sollte auch dann durchgeführt werden, wenn man noch nicht Steno kann. Nur wer das Nachsprechen fehlerlos beherrscht, wird später auch Reden mitschreiben können.

Wenn man dann Steno beherrscht, wird anstelle des Nachsprechens ein Stenogramm gefertigt. Damit wird der geistige Kanal „Hören→Verstehen→Schreiben" trainiert, wobei die Umsetzung des im Gehirn verstandenen Textes über das "Stenozentrum" in die Fingerbewegungen der schreibenden Hand erfolgt.

4.7. Mit welchen Schreibstiften stenografiert man?

Bleistifte sind zum Stenografieren am besten geeignet. Man kann damit sehr schnell stenografieren, weil sich die Verstärkungen der Zeichen durch Aufdrücken erzeugen lassen. Entweder man verwendet gespitzte Holzbleistifte der **Härte HB** oder **Feinminen-Druckstifte mit HB-Minen** des Durchmessers 0,5 mm. Besser noch sind Druckstifte mit Minen vom Durchmesser 0,7 mm (Bild 11). Die Härte **HB** ist ein Mittelmaß, man kann auch weichere Bleistifte der Härte **B** oder härtere der Härte **F** nehmen. Das muss jeder für sich selbst ausprobieren.

Bild 11: Empfehlenswerter Schreibstift

Hat man eine längere Mitschrift (Rede, Vortrag, Vorlesung) vor sich, dann sollte man sich mehrere **schreibbereite Reservestifte** bereitlegen, denn der Redner wartet nicht, bis man den Bleistift gespitzt oder die Mine ersetzt hat.

Bei Bleistiften muss man die **richtige Schreibtechnik** anwenden:

Beim Schreiben nützt sich die Bleistiftmine ab, die Spitze verschwindet und die Striche werden immer dicker. Deshalb sollte man während des Schreibens **den Stift langsam drehen**, damit sich die Mine ringsherum gleichmäßig abnützt und spitz bleibt. Legt man sich ein Blatt Schmierpapier zurecht, dann kann man in den Schreibpausen, die es immer wieder gibt (der Redner muss ja auch einmal Luft holen), die Mine spitzen, indem man mit dem Stift unter leichter Drehung des Stiftes auf dem Schmierpapier hin und her fährt.

Damit erzeugt man eine kegelförmige Spitze der Mine.

Bei normalen Holzbleistiften kann man die Spitze nur einmal oder zweimal auf diese Weise schleifen, dann muss wieder der Bleistiftspitzer in Aktion treten.

Manche Stenografen schwören auf einen **Tintenfüllhalter** (mit gespaltener Feder), mit dem man durch Aufdrücken breitere Striche und damit die Verstärkungen erzeugen kann. Bei Verwendung von schwarzer Tinte ergibt sich ein gutes (kopierfähiges) Schriftbild. Allerdings muss man darauf achten, dass man einen zuverlässigen Füller (Markenfabrikat) benutzt, der bei Temperaturerhöhung durch die Handwärme nicht zu klecksen beginnt. Beim Schreiben muss man immer darauf achten, dass die Feder richtig aufliegt und nicht verdreht ist.

Kugelschreiber mit Feinstrichmine und **Tintenschreiber** mit Rollkugel eignen sich nur dann zum Stenografieren, wenn sich durch Aufdrücken ein breiterer Strich in einem Zug für die Verstärkungen erzeugen lässt. Dies erreicht man dadurch, dass man mehrere Blätter Papier als Unterlage nimmt, wie es etwa bei einem Schreibblock der Fall ist.

4.8. Wie hält man den Schreibstift richtig?

Wenn man beobachtet, wie manche Leute den Schreibstift halten, könnte man vermuten, dass sie in der Schule nie richtig schreiben gelernt haben. Sie halten ihn so verkrampft, als ob sie ihn zerquetschen wollten (Bild 12). Bei dieser verkrampften Schreibstifthaltung muss jede Bewegung mit der ganzen Hand durchgeführt werden, während die Finger sich kaum bewegen.

Dies führt dann zu **Muskelkrämpfen** in den Fingern und im Unterarm. Es gibt sogar Leute, die machen eine Faust und halten den Stift zwischen Zeige- und Mittelfinger.

Bei der richtigen Schreibstifthaltung (Bild 13) weisen Zeigefinger und Daumen in gerader Linie zur Schreibspitze. Nur durch die Bewegung der Finger wird geschrieben, während der Handballen auf dem Papier ruht und nur langsam mit dem Fortschritt der geschriebenen Zeile nach rechts bewegt wird.

Bild 12: Verkrampfte Schreibstifthaltung   **Bild 13: Richtige Schreibstifthaltung**

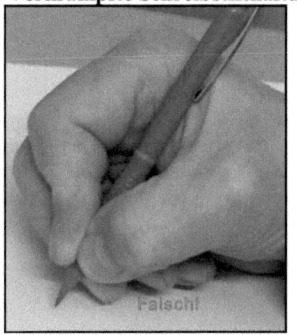
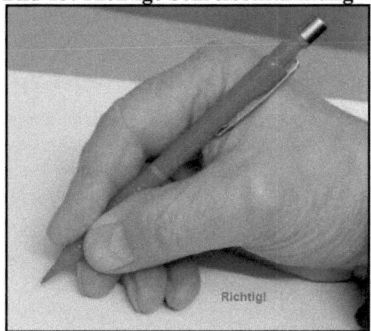

Merksatz:
Die Schreibbewegungen werden nur mit den Fingern ausgeführt, nicht mit der ganzen Hand. Falsche Schreibstifthaltung tritt bei Stenografier-Anfängern sehr häufig auf. Meist wird der Schreibstift zu fest umklammert, weil man fürchtet, sonst die Verstärkungen nicht „hinzubekommen". Diese Gefahr besteht insbesondere bei Tintenfüllhaltern, die man immer mit der gleichen Federhaltung führen muss. Dagegen kann man Bleistifte während des Schreibens lockerer halten und die Hand auch leicht drehen, was den Muskelkrämpfen entgegenwirkt.

4.9.   Persönlicher Stil

Jeder Stenograf hat sein eigenes Schriftbild, seine besondere Art, Steno zu schreiben. Schreibt er bei der Verkehrsschrift noch alles aus und lässt bei der verkürzten Verkehrsschrift schon einiges weg, so kann ein anderer Stenograf noch alles lesen. Bei der Eilschrift wird stärker gekürzt und bei der Redeschrift kommt es auf die Art des Textes (Fachsprache, Juristensprache, Parlamentsdebatten) an.

Hier verwendet der Stenograf spezielle Kürzel, die er für seine vertraute Fachsprache im Laufe der Zeit erfunden hat, die ein anderer Stenograf kaum lesen können wird. Es gibt zwar Regeln in der Systemurkunde, aber diese gehen nicht so weit, dass alles reglementiert werden muss. Jeder kann in Redeschrift so schreiben, wie er will. Wichtig ist nur, dass er selbst später die Transkription fehlerfrei durchführen kann.

In den vielen Jahren, seit ich Steno benutze, habe ich meinen eigenen Stil geprägt. Manche wahlfreien Kürzel habe ich abgewandelt oder neue erfunden. Das war lange bevor die jetzt gültige Systemurkunde herauskam.

Deshalb mögen manche Schreibweisen in meinen veröffentlichten Stenogrammen (siehe 5.3 ab Seite 25) seltsam erscheinen. Aber ich kann meine Stenogramme, die ich vor mehr als 50 Jahren geschrieben habe, noch mühelos lesen.

Selbst wenn heute manche Kürzel anders geschrieben werden als damals und sich auch manche Regeln geändert haben mögen, werde ich alle Neuerungen mit Interesse zur Kenntnis nehmen, meinen Stil aber weitgehend beibehalten, sonst hätte ich einen alten und einen neuen persönlichen Stil zu unterscheiden.

4.10.   Urheberrecht

Stenografiert man Vorträge oder Reden mit, so darf man die Transkriptionen (den Wortlaut) nur dann veröffentlichen, wenn der Urheber (Redner, Vortragender) vorher zugestimmt hat.

Das deutsche Urheberrechtsgesetz (Urheberrechtsgesetz UrhG vom 9. September 1965 in der Fassung vom 13. September 2003) stuft den gedruckten Wortlaut der Vorträge und Reden genau so ein, als hätte der Redner den Text selbst als Schriftstück verfasst.

§ 3 des deutschen Urheberrechtsgesetzes sagt aus (Zitat):

> *Übersetzungen und andere Bearbeitungen eines Werkes, die persönliche geistige Schöpfungen des Bearbeiters sind, werden unbeschadet des Urheberrechts am bearbeiteten Werk wie selbstständige Werke geschützt. Die nur unwesentliche Bearbeitung eines nicht geschützten Werkes der Musik wird nicht als selbständiges Werk geschützt. (Zitatende)*

Die Bearbeitungen eines Werkes, dazu gehören die Stenogramme als Mitschriften urheberrechtlich geschützter Reden und Vorträge, sind wie selbstständige Werke geschützt.

5. Stenogramme

5.1. Stenogramme als Grafik speichern und ausdrucken

Ursprünglich liegen Stenogramme handschriftlich auf Papier vor. Sie können also nicht direkt als Text ausgedruckt werden, man muss vorher eine Grafikdatei oder ein PDF-Dokument davon erzeugen. Dazu benötigt man einen Scanner, der auf Knopfdruck von jeder Papiervorlage eine optische Kopie oder ein PDF-Dokument erzeugt. Als Notbehelf kann man das Stenogramm auch mit einer Digitalkamera fotografieren und anschließend das Bild abspeichern.

Eine automatische Umsetzung des als Grafik oder Foto gespeicherten Stenogramms in auswertbaren Text durch OCR (= automatische Texterkennung) ist aber nicht möglich. Computer können noch nicht Steno lesen. Man muss sich schon die Mühe machen, die Transkription persönlich und von Hand selbst durchzuführen.

5.2. Stenogramme als Verschlüsselung

Bei Veröffentlichung von Stenogrammen im Internet besteht der Vorteil, dass Steno eine gewisse **Verschlüsselung** darstellt, denn es ist nicht maschinenlesbar. Stenogramme können von Suchmaschinen und Computern nicht ausgewertet werden. Man sollte im Internet nicht alle Mitteilungen offen schreiben, man könnte auch Stenogramme (als Grafikdateien oder PDF-Dateien) dazu benutzen, sich im Freundeskreis etwas mitzuteilen, das nicht alle sofort lesen können sollen.

5.3. Stenogramme aus der Praxis

Die nachstehend gezeigten Stenogramme sind JPG-Bilder. Sie zeigen eine kleine Auswahl aus der Fülle der stenografischen Dokumente, die ich im Laufe meines Lebens geschrieben habe. Aus Rücksicht auf den Umfang des Buches mögen 6 Stenogramme genügen.

5.3.1. Vorlesungsmitschriften

Auf den Blättern 01 bis 04 finden Sie nachfolgend einige längere Passagen meiner **Vorlesungsmitschriften** (Eilschrift), die ich während meines Studiums angefertigt habe.

5.3.2. Buchinhalte

Bei interessanten Büchern, die ich gelesen habe, fasste ich anschließend den Inhalt in einem Stenogramm in Eilschrift zusammen.

Als Beispiel sei hier das Buch „*Auf der Suche nach einer besseren Welt* von *Sir Karl R. Popper* (Pieper Verlag 1984, ISBN 3-492-02887-X) vorgestellt. Am meisten hat mich das Kapitel über seine Erkenntnis der 3 Welten („Erkenntnis und Gestaltung der Wirklichkeit" auf den Seiten 11 bis 40) beeindruckt. Die beiden Stenogramme meiner persönlichen Exzerpte mit den eingefügten Transkriptionen sind auf Blatt 15 und Blatt 16 zu sehen.

5.4. Zusammenstellung der hier gezeigten Stenogramme

Blatt 01 bis Blatt 04: Vorlesung über Abwasserreinigung in Klärwerken,
Blatt 15: Buchinhalt (Popper 1),
Blatt 16: Buchinhalt (Popper 2).

Nachstehend werden diese 6 genannten Stenogramme als JPG-Bilder gezeigt.
Weitere Stenogramme finden Sie auf www.praxelius.de.

Bild 14: Blatt 01: Abwasserreinigung in Klärwerken (1) (Vorlesungsmitschrift)

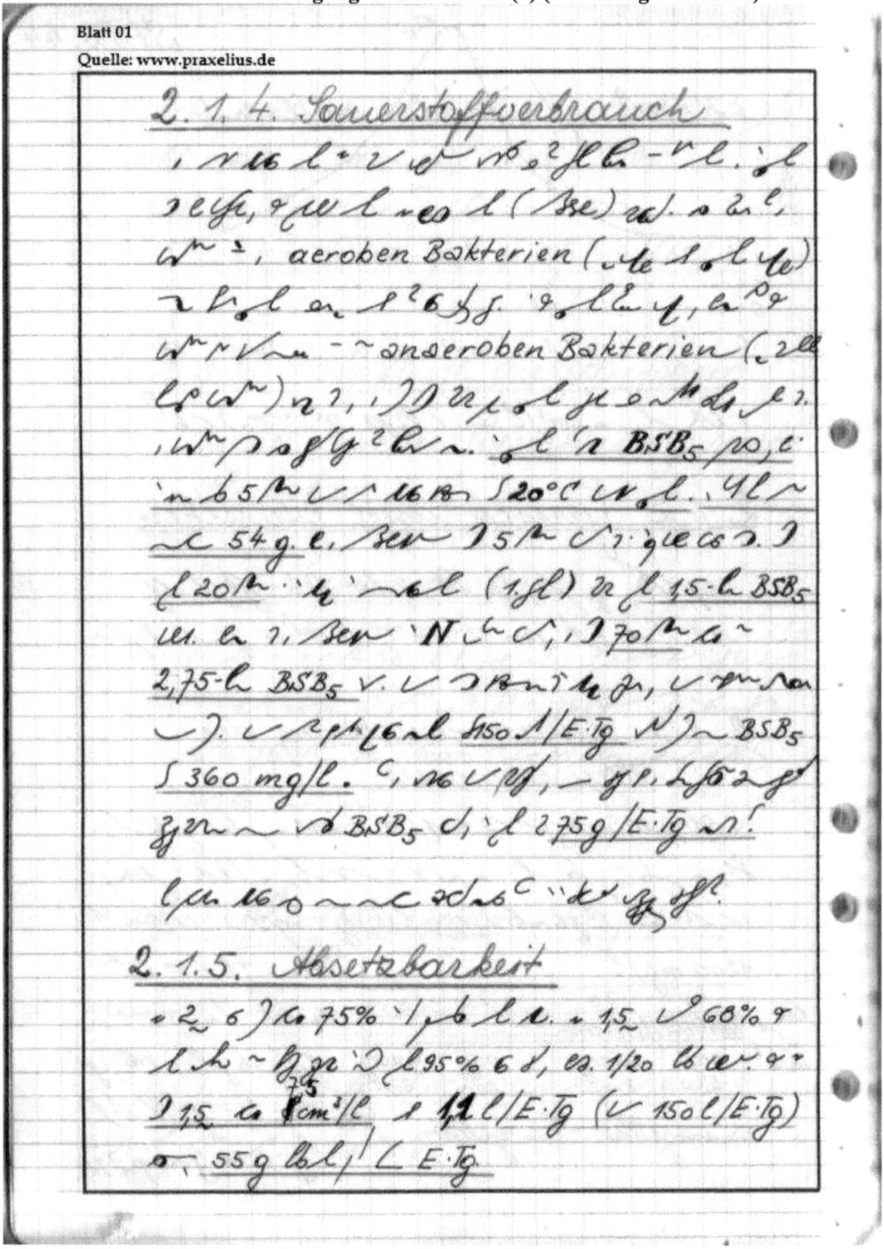

Blatt 01
Quelle: www.praxelius.de

2.1.4. Sauerstoffverbrauch

[handschriftlicher Text, teils unleserlich]

... aeroben Bakterien (...)

... anaeroben Bakterien (...

... BSB_5 ...

... $20°C$ ...

... 54 g ...

... BSB_5 ...

2,75-h BSB_5 ...

... pH ... 550 /E·Tg ... BSB_5

560 mg/l ...

... BSB_5 ... $2,75$ g /E·Tg ...

2.1.5. Absetzbarkeit

... 75% ... 60% ...

... 95% ... 1/20 ...

... 1,5 ... cm³/l ... 1,1 l/E·Tg (150 l/E·Tg)

... 55 g ... /E·Tg

Bild 15: Blatt 02: Abwasserreinigung in Klärwerken (2) (Vorlesungsmitschrift)

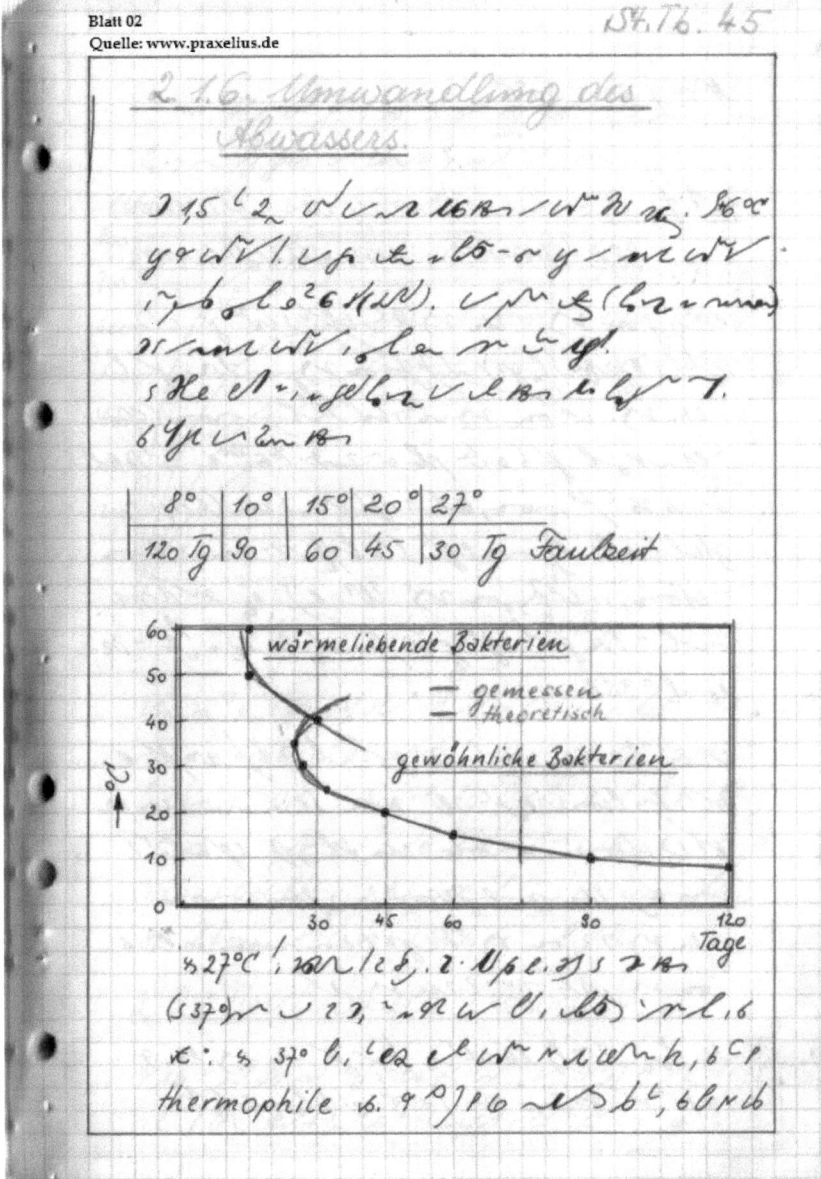

Blatt 02
Quelle: www.praxelius.de

Bild 16: : Blatt 03: Abwasserreinigung in Klärwerken (3) (Vorlesungsmitschrift)

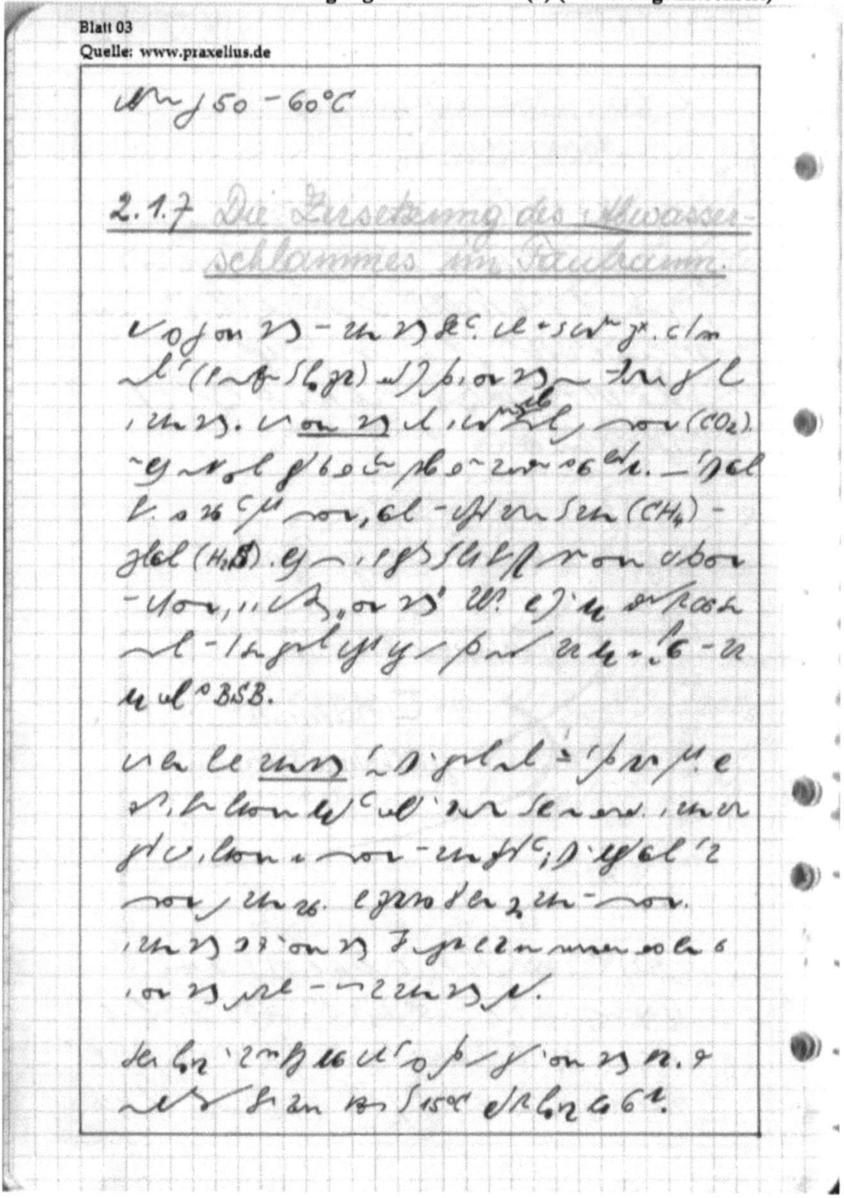

Blatt 03
Quelle: www.praxelius.de

Bild 17: : Blatt 04 Abwasserreinigung in Klärwerken (4) (Vorlesungsmitschrift)

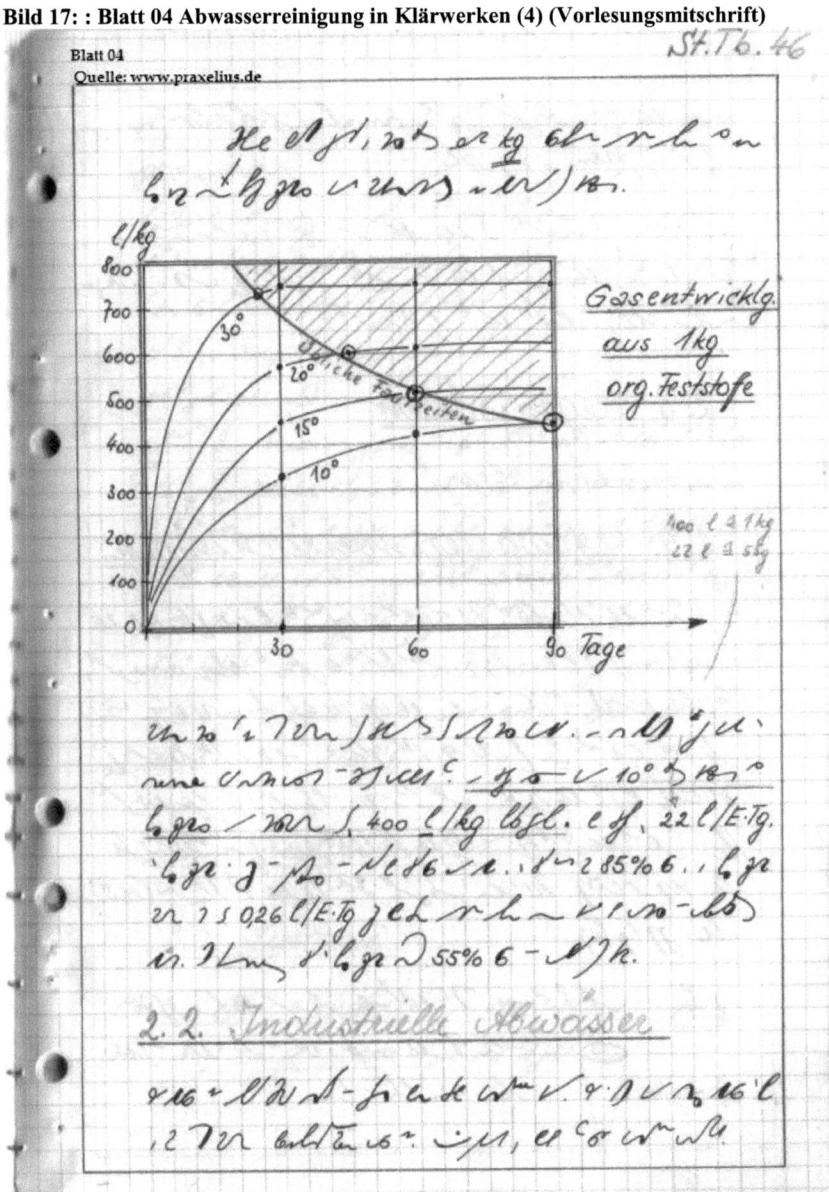

Blatt 04
Quelle: www.praxelius.de

Bild 18: : Blatt 15: Buchexzerpt 1 (Popper)

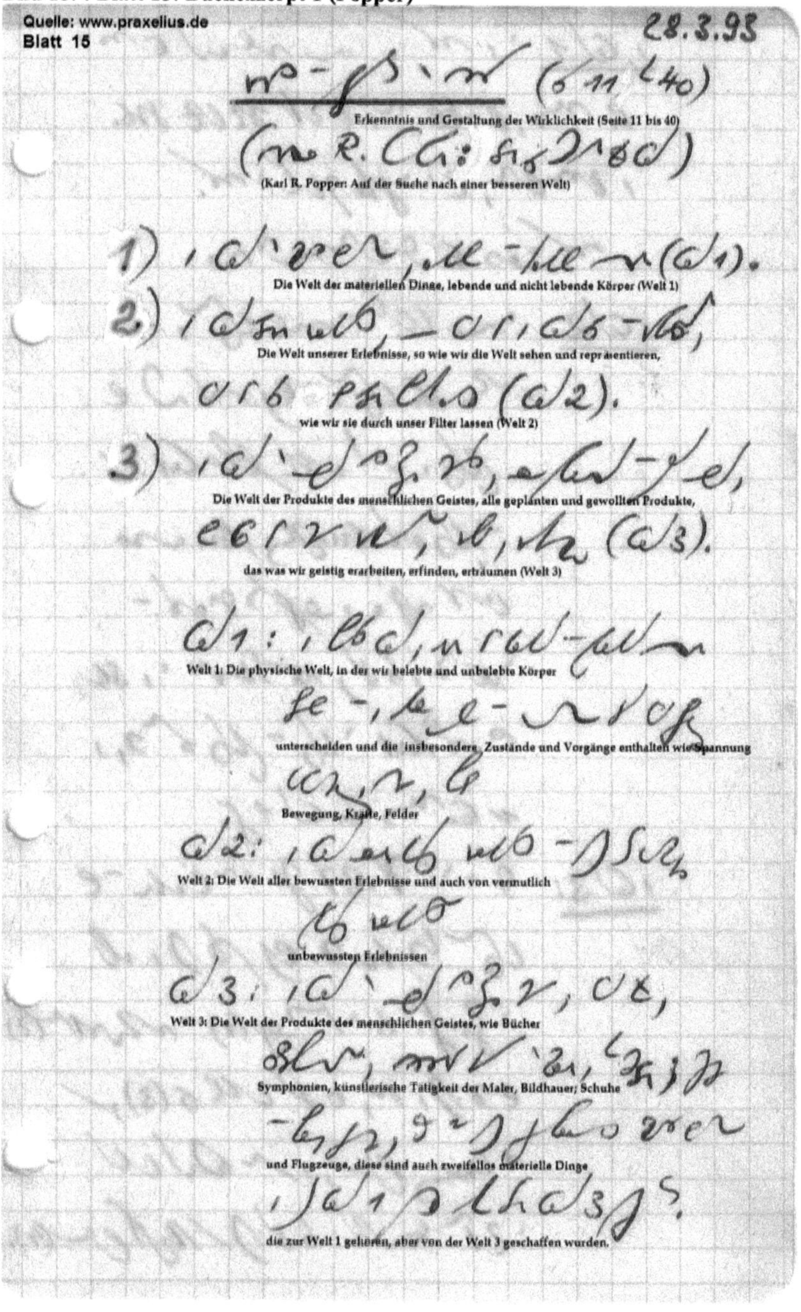

Quelle: www.praxelius.de
Blatt 15

28.3.93

Erkenntnis und Gestaltung der Wirklichkeit (Seite 11 bis 40)

(Karl R. Popper: Auf der Suche nach einer besseren Welt)

1) Die Welt der materiellen Dinge, lebende und nicht lebende Körper (Welt 1)

2) Die Welt unserer Erlebnisse, so wie wir die Welt sehen und repräsentieren,

wie wir sie durch unser Filter lassen (Welt 2)

3) Die Welt der Produkte des menschlichen Geistes, alle geplanten und gewollten Produkte,

das was wir geistig erarbeiten, erfinden, erträumen (Welt 3)

Welt 1: Die physische Welt, in der wir belebte und unbelebte Körper

unterscheiden und die insbesondere Zustände und Vorgänge enthalten wie Spannung

Bewegung, Kräfte, Felder

Welt 2: Die Welt aller bewussten Erlebnisse und auch von vermutlich

unbewussten Erlebnissen

Welt 3: Die Welt der Produkte des menschlichen Geistes, wie Bücher

Symphonien, künstlerische Tätigkeit der Maler, Bildhauer; Schuhe

und Flugzeuge, diese sind auch zweifellos materielle Dinge

die zur Welt 1 gehören, aber von der Welt 3 geschaffen wurden.

Bild 19: : Blatt 16: Buchexzerpt 2 (Popper)

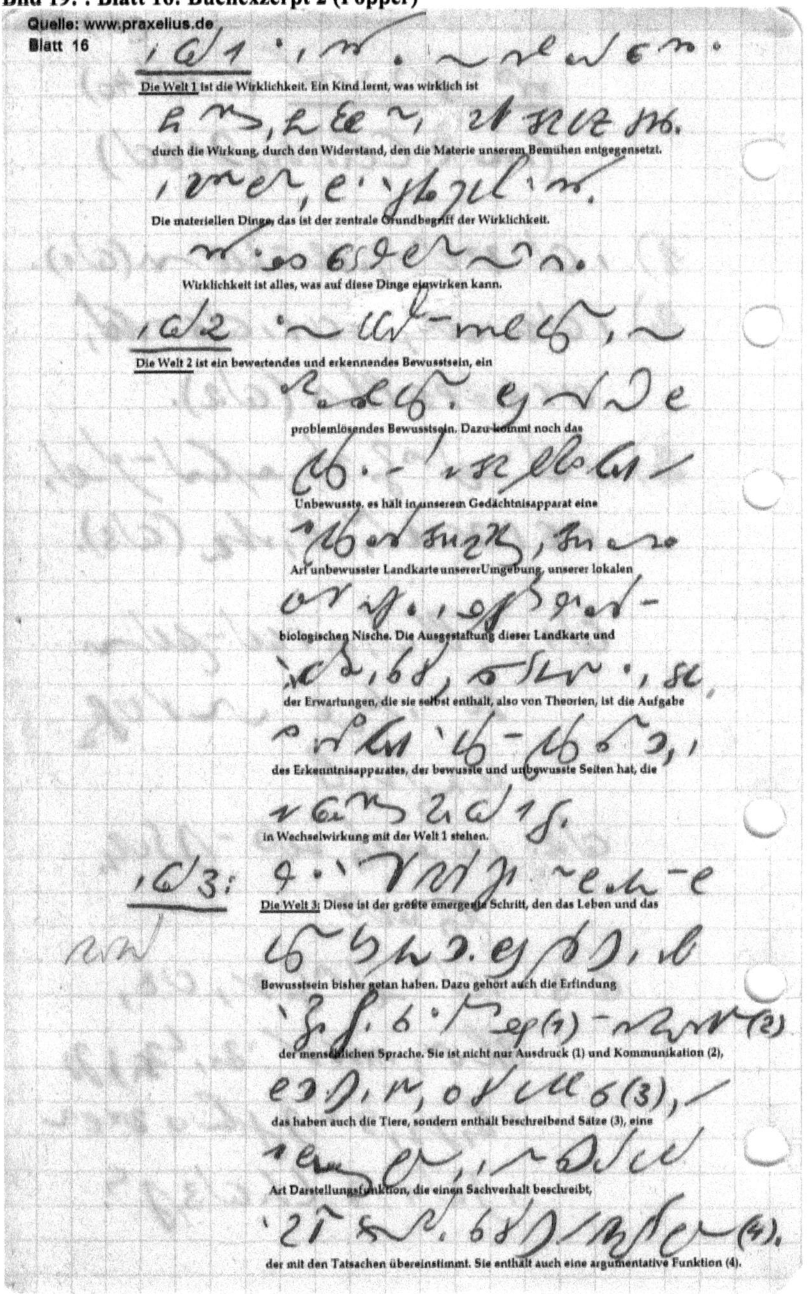

Blatt 16

Die Welt 1 ist die Wirklichkeit. Ein Kind lernt, was wirklich ist

durch die Wirkung, durch den Widerstand, den die Materie unserem Bemühen entgegensetzt.

Die materiellen Dinge, das ist der zentrale Grundbegriff der Wirklichkeit.

Wirklichkeit ist alles, was auf diese Dinge einwirken kann.

Die Welt 2 ist ein bewertendes und erkennendes Bewusstsein, ein

problemlösendes Bewusstsein. Dazu kommt noch das

Unbewusste, es hält in unserem Gedächtnisapparat eine

Art unbewusster Landkarte unserer Umgebung, unserer lokalen

biologischen Nische. Die Ausgestaltung dieser Landkarte und

der Erwartungen, die sie selbst enthält, also von Theorien, ist die Aufgabe

des Erkenntnisapparates, der bewusste und unbewusste Seiten hat, die

in Wechselwirkung mit der Welt 1 stehen.

Die Welt 3: Diese ist der größte emergente Schritt, den das Leben und das

Bewusstsein bisher getan haben. Dazu gehört auch die Erfindung

der menschlichen Sprache. Sie ist nicht nur Ausdruck (1) und Kommunikation (2),

das haben auch die Tiere, sondern enthält beschreibend Sätze (3), eine

Art Darstellungsfunktion, die einen Sachverhalt beschreibt,

der mit den Tatsachen übereinstimmt. Sie enthält auch eine argumentative Funktion (4).

6. Kurzschrift im Internet (Links)

Wikipedia-Artikel über Stenografie: http://de.wikipedia.org/wiki/Stenografie

Empfehlenswert ist auch die Webseite des Stenografenvereins Berlin 1949 e.V., wo man viele Links zu anderen Stenovereinen findet.

Die Stenolehrbücher von *Dr. Fritz Haeger* und *Dr. Klaus-Wilhelm Lege* findet man unter www.stenoweb.de .

Auf der Webseite der TU Clausthal kann man einen deutschen Text eintippen, der nach einem Klick in Verkehrsschrift der Deutschen Einheitskurzschrift (Text → DEK) umgewandelt wird. Für Anfänger und Interessierte zu empfehlen.

Außerdem findet man bei www.google.de unter den Stichwörtern „Kurzschrift" und „Steno" viele andere Webseiten, die sich mit Steno befassen.

7. Verzeichnis der Bilder

8. Sachverzeichnis